TIME
FOR KIDS

¡Sin resolver!
Lugares misteriosos

T0136536

**Lisa Greathouse
Stephanie Kuligowski**

Consultores

Dr. Timothy Rasinski
Kent State University

Lori Oczkus
Consultora de alfabetización

Basado en textos extraídos de
TIME For Kids. *TIME For Kids* y el logotipo
de *TIME For Kids* son marcas registradas
de TIME Inc. Utilizados bajo licencia.

Créditos de publicación
Dona Herweck Rice, *Jefa de redacción*
Lee Aucoin, *Directora creativa*
Jamey Acosta, *Editora principal*
Lexa Hoang, *Diseñadora*
Stephanie Reid, *Editora de fotografía*
Rane Anderson, *Autora colaboradora*
Rachelle Cracchiolo, *M.S.Ed.,*
   Editora comercial

Créditos de imágenes: pág.8 Corbis;
págs.24–25 Dreamstime; págs.10 Getty
Images/Dorling Kindersley, pág.15 (arriba)
Reuters/Newscom; págs.17, 20, 36 Getty
Images; págs.4 (abajo), 18, 22-23, 26
iStockphoto; pág.16 Danita Delimont/
Newscom; pág.13 (abajo) AFP/Getty
Images/Newscom; pág.28–29 akg-images/
Newscom; pág.21 Newscom; pág.12
(abajo) SIP/SIPA/Newscom; pág.12 (arriba)
ZUMA Press/Newscom; pág.13 (arriba)
Photo Researchers Inc.; pág.35 (arriba)
The Granger Collection; todas las demás
imágenes de Shutterstock.

Teacher Created Materials
5301 Oceanus Drive
Huntington Beach, CA 92649-1030
http://www.tcmpub.com
ISBN 978-1-4333-7061-8
© 2013 Teacher Created Materials, Inc.
Printed in China 51497

Tabla de contenido

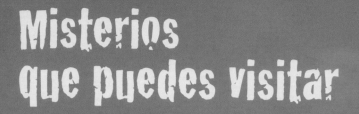

Misterios
que puedes visitar

Algunas **civilizaciones** perdidas. Aviones desaparecidos. Tesoros de piratas enterrados. Suenan como excelentes historias de misterio. Pero no son ficticios. Son reales. Existen en algunos de los lugares más misteriosos del mundo.

En este libro, caminarás a través de las montañas. Buscarás una ciudad debajo del mar. Y buscarás señales de vida en otros planetas. Estás por descubrir los secretos que se esconden en algunos de los lugares inexplicables de la Tierra.

Cañón del Chaco

Angkor Wat

PARA PENSAR

Actualmente tenemos mucho conocimiento acerca del mundo, pero también hay muchas cosas que aún estamos aprendiendo.

▶ ¿Cómo hicieron las personas del mundo antiguo para construir monumentos sin herramientas modernas?

▶ ¿Los extraterrestres visitaron la Tierra?

▶ ¿Qué sucedió con las ciudades perdidas como Angkor Wat, Atlantis y Chaco?

Monumentos misteriosos

Las personas siempre quisieron crear cosas. Hicieron fuego, construyeron herramientas rudimentarias y escribieron sobre las paredes de las cavernas. Luego las personas comenzaron a pensar en cosas más grandes. Hicieron **monumentos**. Las estatuas son monumentos hechos para honrar a alguien. Los primeros monumentos rendían honor a dioses o gobernantes. Otras estatuas se construían para honrar a los muertos.

La nueva **tecnología** ayudó a las personas a construir estructuras de piedra grandiosas. Y ahora, estos lugares increíbles son la prueba de la **antigua** creatividad humana.

La tecnología a través de los años

La tecnología es cualquier cosa que utilizan los humanos para resolver problemas o facilitar un trabajo. Las personas usaron la tecnología por primera vez cuando convirtieron palos y piedras en herramientas sencillas. Hacer fuego fue un avance en la tecnología. También lo fue la invención de la rueda. Hubo descubrimientos tecnológicos importantes en los tiempos **prehistóricos**.

Piedras sagradas

Un círculo de piedras enormes se eleva desde las llanuras de Inglaterra. Este monumento antiguo se llama Stonehenge. Ha intrigado a las personas durante siglos.

Los científicos saben que fue construido hace 5,000 años. Pero todo lo demás es un misterio. ¿Cómo movieron los constructores las piedras enormes? Algunas pesan más de 25 toneladas. ¡Y provienen de 150 millas de distancia! ¿Cómo las colocaron? Y, ¿por qué trabajaron tanto para construir este monumento?

Algunas personas piensan que Stonehenge era un calendario. Muchos puntos coinciden con eventos **astrológicos**. Otros dicen que era un lugar de sepultura. Los **arqueólogos** han encontrado huesos humanos en el lugar.

Stonehenge visto desde arriba

Otras ideas

La teoría más aceptada en la actualidad es que Stonehenge era un lugar de sepultura de líderes antiguos. Una teoría más improbable sugiere que Merlín, el mago de la leyenda del rey Arturo, usó magia para mover las piedras. Otros dicen que los extraterrestres colocaron las piedras.

Calendario prehistórico

En 1965, un astrónomo llamado Gerald Hawkins escribió un libro llamado *Stonehenge Decoded*. En él, unió 165 puntos del lugar con eventos astrológicos. Por ejemplo, durante el amanecer del **solsticio** de verano, el anillo central, dos piedras cercanas y el sol se alinean.

Donde descansan los reyes

Entre el año 3,000 a. C. y el año 300 a. C., Egipto era un lugar radiante. Miles de personas vivían al costado del río Nilo. Su cultura era rica y llena de misterios.

Actualmente, millones de personas visitan Egipto cada año. Muchos van a ver la Gran Pirámide de Giza. Fue construida hace 4,500 años. Era una **tumba** real para el faraón Khufu. Varias pirámides más pequeñas la rodean.

¿Cómo se construyó la pirámide? Tiene 40 pisos de altura. Y está hecha de más de 2 millones de piedras. Las piedras más grandes pesan hasta 2.5 toneladas. Pero no tenían máquinas modernas. Entonces, ¿cómo construyeron las pirámides los antiguos egipcios?

Un gran trabajo

Se cree que las pirámides fueron construidas entre 20,000 y 30,000 trabajadores. El trabajo llevó 20 años. Los trabajadores vivían en pueblos cercanos. Los pueblos contaban con personas de diferentes ocupaciones.

El camino al cielo

Los egipcios construyeron pirámides para que los cuerpos, los espíritus y las riquezas de sus faraones estuvieran a salvo. Los textos antiguos describían a los faraones yéndose a la otra vida. Se dice que la forma de la pirámide simboliza los rayos de la luz del sol.

¡MÁS EN PROFUNDIDAD!

Extras egipcios

El desierto es un lugar seco con poca humedad que desgaste las rocas. Esa es una de las razones por las que las pirámides están tan bien preservadas. Las pirámides no son los únicos misterios del antiguo Egipto. Los investigadores aún estudian la tierra para obtener más información sobre estas personas fascinantes.

la máscara del rey Tut

Rey Tutankamón

La cara de un faraón

El rey Tutankamón gobernó Egipto hace más de 4,000 años. Hasta mayo de 2005, nadie sabía cómo era su aspecto. Un equipo de científicos escaneó el cuerpo momificado del rey Tut. Las lecturas brindaron información sobre la estructura de su cara. Luego, un escultor usó un modelo para recrear la cara del rey Tut.

Descifrar el idioma

La piedra de Rosetta es una piedra antigua que tiene aproximadamente 2,000 años. La ley egipcia está tallada sobre ella en tres idiomas. Antes de encontrar la piedra de Rosetta, los historiadores no sabían cómo traducir los **jeroglíficos** egipcios. Finalmente, pudieron encontrar patrones en los idiomas. La piedra de Rosetta descifró la clave para leer los jeroglíficos.

Ojo en el cielo

Las imágenes tomadas desde el espacio ayudaron a un arqueólogo a buscar los desiertos de Egipto. Se encontraron más de 15 pirámides enterradas debajo de la arena. Cámaras poderosas detectaron diferentes tipos de materiales enterrados.

Los satélites capturan imágenes de Egipto desde arriba. Las imágenes infrarrojas revelan las capas enterradas de la antigua ciudad de Tanis.

13

Guardianes de piedra

La Isla de Pascua se encuentra en el Pacífico Sur. Se encuentra a miles de millas de cualquier otra extensión de tierra seca. El primer explorador quedó impactado en 1722 cuando llegó. Cientos de caras de piedra gigantes lo miraban desde la orilla.

La isla alberga 900 estatuas. Se las conoce como **moai**. En promedio, tienen 13 pies de altura y pesan aproximadamente 13 toneladas. Algunos historiadores dicen que las estatuas fueron construidas para honrar a los **caciques** que vivieron allí alguna vez. Otros dicen que eran símbolos **religiosos**. ¿Quién construyó las estatuas? ¿Por qué las colocaron de manera que miren al mar?

El gran padre

La sabiduría popular de la isla cuenta que los primeros residentes vinieron de la Polinesia hace 1,500 años. Un jefe llamado Hotu Matu'a, que significa "Gran padre", navegó miles de millas en una canoa doble. Su esposa y otros miembros de la familia vinieron con él.

Un lugar especial

La Isla de Pascua es un patrimonio de la humanidad. Se encuentra en la lista de la Organización Cultural, Científica y Educativa de las Naciones Unidas (*UNESCO*). Cientos de lugares culturales y naturales de todo el mundo figuran en la lista de la UNESCO. Los países trabajan de manera conjunta para proteger estos lugares únicos.

Enigmas redondos

En la década de 1930, se encontraron aproximadamente 300 esferas de piedra en una pequeña isla de Costa Rica. Algunas eran pequeñas como una canica. Otras eran grandes como un automóvil. Pero todas son casi perfectamente redondas. Las esferas parecen cuidadosamente ubicadas en la isla. Las pequeñas se encuentran al lado de otras más grandes. Algunas esferas se encuentran solas.

Existen muchos mitos sobre las esferas. Las personas del lugar creen que se usó una poción especial para tallarlas. Quizá ayudó a ablandar la roca. Otros piensan que las esferas provienen de la ciudad perdida de Atlantis. Y algunas personas dicen que las perfectas esferas de piedra fueron hechas por la naturaleza.

Los investigadores creen que las esferas de piedra costarricenses tienen aproximadamente 1,500 años.

¡Artefacto alienígena?

Las esferas de Klerksdorp están ubicadas en una mina de Sudáfrica. Algunas tienen forma redonda y otras se asemejan a un disco. Datan de tres mil millones de años. ¡Eso es mucho antes de que los humanos existieran sobre la Tierra! Sin embargo, algunas personas creen que estas piedras no pudieron haber sido hechas por la naturaleza. Si fueron hechas antes de que los humanos caminaran sobre la Tierra, ¿quién pudo haberlas hecho?

Actos de desaparición

Una persona desaparecida es una cosa. Pero las ciudades desaparecidas son otra. Algunos de los lugares más espeluznantes del mundo tienen una cosa en común: ¡desapariciones extrañas!

La ciudad perdida

Machu Picchu se encuentra en las montañas neblinosas de Perú. Esta es la ciudad perdida de los incas. Fue olvidada durante siglos. En 1922, los exploradores llegaron a los palacios de la ciudad. Encontraron templos. Dentro de uno de los templos estaba la tumba real. Los exploradores encontraron artículos de cerámica y también **vestigios** de jardines y hogares. Las paredes, las terrazas y los accesos de la ciudad parecen haber sido tallados dentro de la montaña.

Machu Picchu fue construida por los incas alrededor de 1450. Luego la abandonaron 100 años más tarde. Actualmente, Machu Picchu es lugar favorito de los turistas. Pero, ¿por qué se construyó la ciudad? ¿Y por qué la gente se fue?

Enfermedad extraña

Machu Picchu fue **abandonada** poco tiempo después de que los españoles llegaran a Perú. Los españoles nunca encontraron la ciudad en las montañas. Pero algunos expertos creen que ellos pudieron haber provocado la ruina de la ciudad. Es posible que los residentes murieran de viruela, una enfermedad que los españoles introdujeron en la región.

Abandonada

Una ciudad prosperó una vez en el Cañón del Chaco, Nuevo México. Esto fue mucho antes de que los europeos llegaran a América. La gente de los alrededores se reunía en Chaco. Era una ciudad con mucho movimiento. Las personas iban allí para comerciar y rendir culto.

Las Casas Grandes de Chaco pueden haber sido los primeros edificios públicos de América. Eran enormes y de muchos pisos de altura. Tenían cientos de habitaciones amplias. A los trabajadores les llevó décadas construirlas. Las calles conectaban el centro de la ciudad con más de 150 casas.

Hoy en día, solo quedan ruinas. ¿Cuál fue el motivo por el que las personas abandonaron la ciudad que les demandó tanto trabajo construir?

Espacios sagrados

Las Casas Grandes de Chaco tenían muchas kivas. Una kiva es una habitación circular utilizada para ceremonias religiosas.

Cambio del clima

El cambio del clima puede haber forzado a los residentes a abandonar Chaco. Una larga **sequía** comenzó en 1130 y duró 50 años. La falta de lluvia debió haber hecho imposible poder cosechar suficientes alimentos para alimentar a tantas personas.

ruinas de la ciudad en el Cañón del Chaco, Nuevo México

Tierra perdida

Vanuatu es una pequeña isla del Pacífico Sur. Recientemente, un pueblo entero ha tenido que reubicarse. El cambio del clima hizo que el mar se elevara. Sus hogares se inundaron. Tuvieron que mudarse a otra parte de la isla.

Ciudad bajo el mar

Imagina una isla perfecta. Los residentes son excelentes **arquitectos**. Sus palacios son obras de arte. También lo son sus templos y puentes. Cinco anillos de agua rodean la isla.

Un filósofo llamado Platón escribió acerca de un lugar semejante hace 2,500 años. Se llamaba *Atlantis*. Sin aviso, Atlantis desapareció. Muchos creen que se hundió en el mar. Sucedió "en tan solo un día y una noche", escribió Platón. Desde entonces, la gente ha buscado. Quieren encontrar la ciudad perdida de Atlantis. Muchas personas creyeron haberla encontrado. Pero estaban equivocadas.

¿Fue Atlantis un lugar real? O, ¿simplemente fue una leyenda? Y si fue real, ¿dónde se encuentra actualmente la ciudad perdida?

Una ciudad utópica

Atlantis ha capturado la imaginación de muchos. Algunos eruditos creen que era una **utopía**. Platón la describió como una tierra rica en metales y otros recursos. Estaba rodeada de riquezas y belleza natural. ¡No es raro que tantas personas la busquen!

Mística de la isla

Según las tradiciones antiguas, Atlantis era una isla con un fuerte ejército. Se decía que su tecnología y su arquitectura eran muy avanzadas. Estas cualidades la hacían interesante. Pero su repentina desaparición bajo el mar la hizo **legendaria**.

Algunas personas imaginan que Atlantis podría verse de esta manera si la encontraran hoy.

escultura de Platón

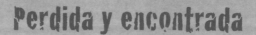

Perdida y encontrada

La leyenda de Atlantis ha inspirado libros, películas e investigaciones en todo el mundo. Recientemente, algunos investigadores viajaron a España para obtener más información. ¿Podría éste ser el año en que se descubra la isla perdida?

Algunos investigadores creen que las ruinas de Atlantis pueden estar escondidas debajo de las marismas del sur de España, cerca de la ciudad de Cádiz.

Los geólogos usaron satélites y radares para trazar un mapa de la zona. Las sombras debajo de fango sugieren que una ciudad anillada puede haber estado allí alguna vez.

Los científicos creen que Atlantis fue destruida por un **tsunami** hace miles de años. Durante siglos se han observado tsunamis en esta zona.

Platón escribió que Atlantis miraba hacia una ciudad llamada Gadara. Este es el antiguo nombre de la ciudad de Cádiz.

¡ALTO! PIENSA...

Según Platón, la ciudad de Atlantis era una isla cercana a los Pilares de Hércules. Actualmente, conocemos este lugar como los Estrechos de Gibraltar. Estos estrechos están ubicados en el sur de España.

- Luego de analizar estas pistas, ¿crees que Atlantis ha sido descubierta?

- ¿De qué maneras pueden los investigadores obtener más información sobre este legendario lugar?

- ¿Hay alguna prueba que te convencería de que Atlantis existió?

Las ruinas de esta imagen no están cubiertas de fango. ¿Atlantis podría verse de esta manera inmediatamente después del tsunami?

Cientos de miles de personas visitan Angkor Wat cada año.

La Ciudad Templo

En las profundidades de las junglas de Camboya se encuentra la ciudad de Angkor Wat. Muchos la conocen como la Ciudad Templo. Es el monumento religioso más grande del mundo. Alguna vez fue el hogar de un millón de personas. Pero ahora está abandonada. Los templos de piedra están cubiertos de musgo. La ciudad está en decadencia. ¿Qué sucedió con las personas que alguna vez vivieron allí? Huyeron hace 600 años. Pero, ¿por qué?

Escrito en los anillos

Los investigadores analizaron los anillos de la corteza de los árboles de la jungla camboyana. Al estudiar el núcleo de los árboles, pudieron conocer el cambio climático que ocurrió hace siglos. Los resultados mostraron que el área que rodea Angkor Wat había sufrido sequías graves.

Actualmente, los científicos están estudiando cómo preservar de la mejor manera posible las hermosas esculturas de Angkor Wat.

Bermudas

Océano Atlántico

Florida

Triángulo de
las Bermudas

Puerto Rico

Desapariciones extrañas

En 1945, cinco bombarderos de la Marina de los EE. UU. despegaron desde Florida. Estaban volando sobre el océano Atlántico. Ninguno de ellos volvió a ser visto. Desde entonces, docenas de barcos y aviones han desaparecido allí. Este lugar es conocido como el Triángulo de las Bermudas. Ha motivado historias fantásticas. Algunas fueron historias sobre monstruos del mar y calamares gigantes. ¡Algunas incluso describen **abducciones** alienígenas!

Las personas han sugerido muchos motivos **lógicos** para estos accidentes en el Triángulo de las Bermudas. Algunos se lo adjudican a la inclemencia del clima. Otros a corrientes extrañas. ¿Existe una razón lógica para estos eventos extraños? ¿O es algo extraño en funcionamiento?

Otro triángulo misterioso

Cerca de la costa de Japón, muchos aviones y barcos han desaparecido en el Triángulo de Formosa. Los pescadores lo llaman el "Mar del diablo". Las brújulas tienen un comportamiento extraño, al igual que ocurre en el Triángulo de las Bermudas.

Históricamente extraño

Ya en la época de Cristóbal Colón los navegantes notaron algo extraño sobre la región del Triángulo de las Bermudas. Colón escribió en su diario de a bordo acerca de los comportamientos inusuales de la brújula allí.

Visitantes no identificados

Algunos de los lugares más desconcertantes de la Tierra parecen bastante normales a primera vista. El árido desierto de Roswell, Nuevo México. Un agujero lleno de lodo en el suelo en Canadá. Pero la **mística** de estos lugares no proviene de grandes monumentos. Tampoco de ruinas antiguas. Estos lugares son interesantes por las personas, o seres, que los visitaron.

Se han observado miles de objetos voladores no identificados (OVNI) en todo el mundo, muchos de los cuales fueron registrados o fotografiados.

Se produce un avistamiento de OVNI cada tres minutos sobre el planeta.

El primer ministro Winston Churchill informó haber visto un dirigible extraño en Kent, Inglaterra, el 14 de octubre de 1912. Fue el primer caso de un OVNI oficialmente informado.

Lugar de accidente alienígeno

En 1947, se encontraron **desechos** extraños en un rancho cerca de Roswell, Nuevo México. La gente veía piezas plateadas brillantes esparcidas por el desierto. El Ejército de los EE. UU. rápidamente las recolectó. Emitieron un comunicado oficial. Decía que se habían encontrado **restos** de un "disco volador". Al otro día, el Ejército dio marcha atrás con la historia y emitió una nueva. La nueva decía que los desechos provenían de un globo meteorológico.

Muchas personas aún creen la primera historia. Piensan que una nave espacial extraterrestre se estrelló en Roswell. ¡Algunas personas incluso creen que se encontraron extraterrestres entre los restos!

Informe de testigos

En 1950, el agente especial Guy Hottel escribió un informe sobre platillos voladores encontrados en Nuevo México.

"Fueron descriptos como de forma circular con la parte del centro elevada, aproximadamente de 50 pies de diámetro. Cada uno estaba ocupado por tres cuerpos con forma humana pero de tan solo tres pies de altura, vestidos con una tela metálica de una textura muy fina. Cada cuerpo estaba cubierto de una manera muy similar a los trajes usados por los pilotos de prueba de altas velocidades".

Los verdaderos expedientes X

El Buró Federal de Investigación (FBI) cuenta con un espacio de lectura en línea de más de 2,000 expedientes. Los expedientes, llamados expedientes X, solían ser **confidenciales**. Ahora, cualquier persona puede leer informes viejos sobre investigaciones de discos voladores y los cuerpos descubiertos dentro de ellos.

¡MÁS EN PROFUNDIDAD!

Buscando respuestas

¿Estos lugares misteriosos despiertan tu curiosidad? Si deseas intentar resolver esos misterios, deberías considerar una carrera en antropología, arqueología, astronomía o ciencias de la Tierra.

Astrónomos

Los astrónomos estudian el universo, incluidas las estrellas y los planetas. Algunos astrónomos están interesados en encontrar vida en otros planetas. Se los llama *astrobiólogos*.

Científicos de la Tierra

Los científicos de la Tierra estudian las capas y la historia de la Tierra. El hecho de comprender la Tierra nos ha ayudado a descubrir algunos de los misterios más extraños del mundo. Puede ayudar a explicar el motivo de la existencia de ruinas de ciudades abandonadas. También puede ayudarnos a comprender por qué un tsunami puede hundir a una ciudad entera.

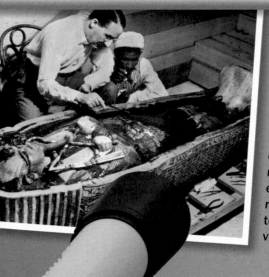

Arqueólogos

Los arqueólogos estudian las culturas antiguas mediante el examen de sus vestigios. Howard Carter fue un famoso arqueólogo que descubrió la tumba del rey Tut en 1922. Adentro estaba la momia del rey Tut y muchos otros tesoros que revelaron la vida egipcia antigua.

Antropólogos

Los antropólogos estudian la cultura y la historia humana. Responden preguntas sobre personas que vivieron hace mucho tiempo a través del entendimiento de las personas que viven hoy. Muchos antropólogos trabajan en el campo y viajan a tierras lejanas. Algunos antropólogos culturales viven con tribus nativas.

Tesoro enterrado

En 1795, un adolescente encontró un agujero extraño en la Isla del Roble, Nueva Escocia. El muchacho había oído historias sobre piratas de la zona. Él y algunos amigos regresaron al lugar para cavar. Encontraron una capa de piedras. Luego encontraron una capa de troncos. ¿Encontraron un tesoro enterrado?

Años más tarde, el joven muchacho encontró una placa de piedra en el pozo. Estaba tallada con símbolos extraños. La quitaron. Y el agujero se llenó de agua. Intentaron cavar más profundo. Pero continuaba saliendo agua. Muchos cazadores de tesoros han intentado llegar al fondo del "Pozo del Dinero" de la Isla del Roble. Pero nadie lo ha conseguido.

Teorías atesoradas

Existen muchas teorías sobre el pozo. Algunas de las teorías más populares dicen que es:

- ▶ el tesoro enterrado del capitán Kidd o Barbanegra,

- ▶ el lugar donde el Ejército británico escondió dinero durante la Revolución Americana,

- ▶ el lugar donde se encuentran las joyas perdidas de María Antonieta.

El capitán Kidd en la cubierta de su barco.

"Pozo del Dinero" de la Isla del Roble

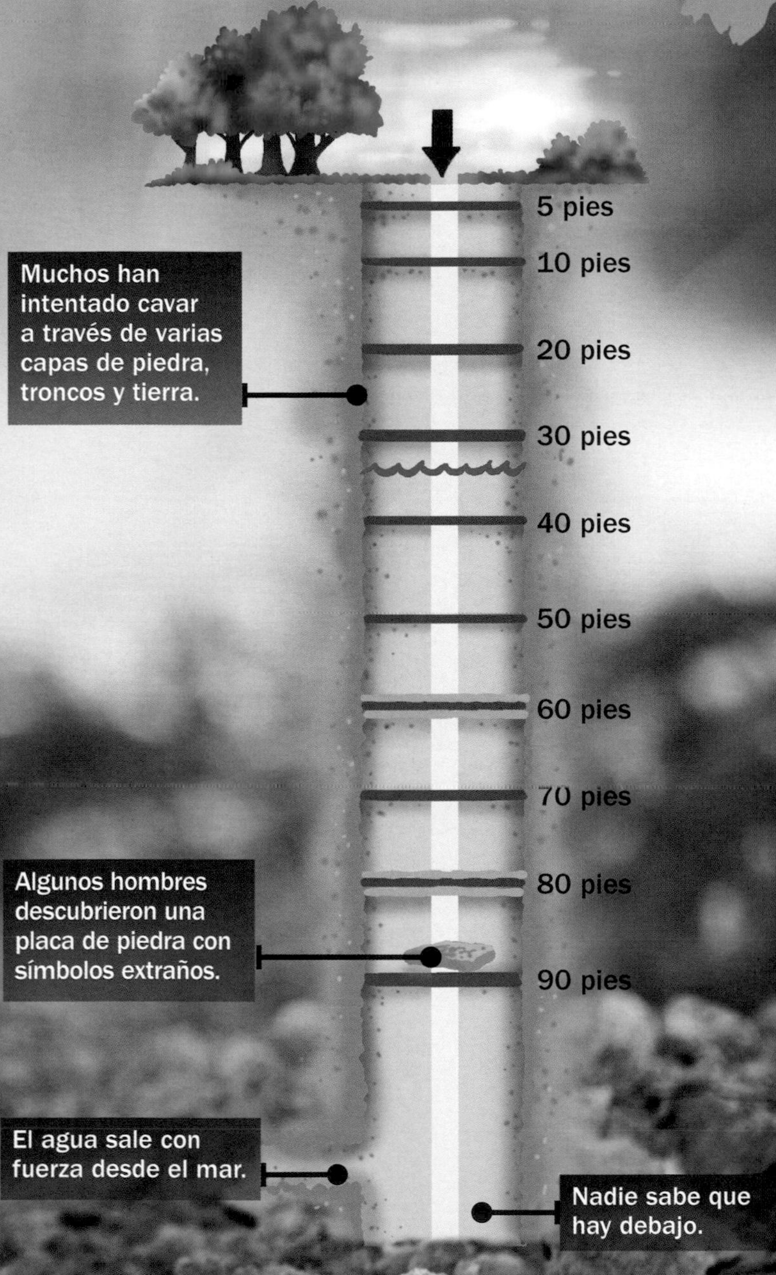

5 pies

10 pies

20 pies

Muchos han intentado cavar a través de varias capas de piedra, troncos y tierra.

30 pies

40 pies

50 pies

60 pies

70 pies

Algunos hombres descubrieron una placa de piedra con símbolos extraños.

80 pies

90 pies

El agua sale con fuerza desde el mar.

Nadie sabe que hay debajo.

¡Lo resolviste!

Los investigadores usan mapas para que los ayuden a explorar lugares misteriosos. La **longitud** y la **latitud** son una manera fácil de anotar la ubicación precisa de un lugar. La longitud es la distancia hacia el este o el oeste del **meridiano principal** en Greenwich, Inglaterra. La latitud es la distancia a la que se encuentra un lugar hacia el norte o el sur del ecuador. Ambas se miden en grados.

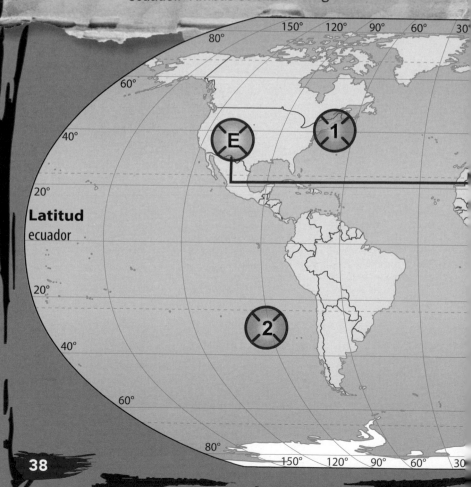

Usa estas pistas para que te ayuden a identificar cada misterio. Las coordenadas te guiarán hacia la dirección correcta. Recuerda encontrar primero la longitud y luego la latitud.

Ejemplo
36°N/107°O
Este lugar alberga ruinas abandonadas.

1. Misterio del mapa
44°N/63°O
Las personas han buscado un tesoro en este lugar durante más de 200 años.

2. Misterio del mapa
27°S/109°O
Estas caras de piedra misteriosas han fascinado a la gente durante siglos.

3. Misterio del mapa
30°N/31°E
Este lugar alberga la tumba de un antiguo faraón.

Longitud

| 30° | 60° | 90° | 120° | 150° |

3

*¿Resolviste los misterios? Consulta las respuestas a continuación.

Ejemplo) Cañón del Chaco, Nuevo México **1)** Isla del Roble **2)** Isla de Pascua **3)** La Gran Pirámide de Giza

| 30° | 60° | 90° | 120° | 150° |

Preguntas sin responder

Las personas han visitado casi todos los lugares de la Tierra. Han ido al fondo del océano. Han caminado sobre la luna. Sin embargo, muchos misterios siguen sin resolverse. Los lugares más extraños de la Tierra nos fascinan. Sus historias alimentan nuestra imaginación. Y sus misterios nos estimulan para aprender más sobre nuestro sorprendente mundo.

¿Qué crees TÚ
que pasó en estos
lugares misteriosos?

Glosario

abandonada: dejada atrás, generalmente por razones de seguridad

abducciones: el modo ilegal de llevarse a una persona por la fuerza o a través del engaño

antigua: muy vieja

arqueólogos: científicos que estudian personas y culturas antiguas

arquitectos: personas que diseñan construcciones

astrológicos: relativo a las posiciones de la luna, el sol y los planetas

caciques: líderes de grupos de personas

civilizaciones: sociedades que están bien organizadas

confidenciales: disponibles solo para personas autorizadas por razones de seguridad nacional

desechos: piezas de algo que se ha roto

jeroglíficos: un sistema de escritura que usa dibujos

kivas: cámaras subterráneas o parcialmente subterráneas usadas para encuentros solemnes

latitud: la distancia hacia el norte o hacia el sur desde el ecuador de la Tierra, medida en grados

legendaria: relativo a una leyenda; conocida o famosa

lógicos: sensatos o regidos por hechos

longitud: distancia medida en grados hacia el este o hacia el oeste del meridiano principal

meridiano principal: la ubicación desde la que se calculan otras longitudes

mística: una cualidad que hace que algo parezca misterioso y especial

moai: el nombre de estatuas de piedras grandes y misteriosas de la Isla de Pascua

monumentos: cosas construidas como tributos a personas o eventos

prehistórico: el período de tiempo anterior a que se registraran eventos por escrito

religiosos: relativo a la creencia en una fuerza superior

restos: las piezas rotas que quedan luego de que algo se haya dañado

sequía: un largo período de clima seco

solsticio: el punto del recorrido del sol cuando el sol se encuentra en la distancia más lejana hacia el norte o el sur

tecnología: máquinas y técnicas que facilitan el trabajo de las personas

tsunami: una ola del mar grande y destructiva que generalmente es causada por un terremoto

tumba: un lugar para enterrar a una persona muerta

utopía: un lugar ideal

vestigios: cualquier cosa que queda o se deja atrás

Índice

Bibliografía

McDaniel, Sean. *Stonehenge.* **Bellwether Media, 2012.**

Stonehenge ha desconcertado a los científicos durante años. Conoce todo acerca de este monumento antiguo y lee las teorías acerca de cómo fue creado.

Michels, Troy. *Atlantis.* **Bellwether Media, 2011.**

La ciudad perdida de Atlantis se encontró por primera vez en escritos de más de 2,000 años. Desde entonces, se ha generado mucho debate acerca de la existencia de la ciudad. Puede leer sobre las pruebas, el debate y más en este libro.

Putnam, James. Geoff Brightling y Peter Hayman. *Pyramid.* **DK Publishing, 2004.**

Conoce los misterios que rodean a las pirámides de Giza en Egipto. Las fotografías de este libro ayudan a contar la historia de estas estructuras y ofrecen pistas acerca de cómo pudieron haberse construido en el mundo antiguo.

Stewart, Robert. Clint Twist y Edward Horton. *Mysteries of History.* **National Geographic Society, 2003.**

Esta mirada exhaustiva de los misterios históricos abarca más de 5,000 años e incluye 19 eventos o personalidades. Las antiguas pirámides de Egipto, el caballo de Troya, la explosión de Hindenburg y el asesinato de Kennedy están todos incluidos en este libro.

Wencel, Dave. *UFOs.* **Bellwether Media, 2010.**

Este libro contiene información sobre los OVNI, sus avistamientos y el debate que existe alrededor de ellos. Conoce argumentos a favor y en contra de los OVNI para poder armar tu propia postura sobre estos misteriosos objetos voladores.

Más para explorar

Kids Gen: Unsolved Mysteries

http://www.kidsgen.com/unsolved_mysteries/

Obtén más información sobre misterios históricos en este sitio. Los temas incluyen las Piedras Guía de Giorgia, el Triángulo de las Bermudas y las calaveras de cristal de las antiguas ruinas mayas e incas.

Ancient Mysteries

http://www.mysteriousplaces.com/

Conoce acerca de ruinas antiguas misteriosas, incluida Stonehenge y la Isla de Pascua. Se incluyen descripciones, fotos e información sobre todos estos lugares antiguos, así como referencias a otros libros.

Seven Wonders of the Ancient World

http://kids.nationalgeographic.com/kids/stories/history/ancient-wonders/

Lee sobre las siete maravillas del mundo antiguo en el sitio web de *National Geographic* para niños. Fotografías e ilustraciones coloridas acompañan las descripciones de cada lugar.

Teacher Tube

http://teachertube.com

Teachertube.com es un sitio web seguro para que los docentes busquen videos sobre cualquier cosa que estén estudiando, incluidos lugares misteriosos.

Encyclopedia Britannica for Kids

http://kids.britannica.com/

Encyclopedia Britannica en línea ofrece a los niños una base de datos informativa donde pueden hacerse búsquedas de cualquier contenido que estén estudiando en clase o de los que deseen obtener más información. Las entradas de la enciclopedia están escritas para niños de 8 a 11 años o de 11 años en adelante.

Acerca de las autoras

Lisa Greathouse se crió en Brooklyn, Nueva York y se graduó como licenciada en Inglés y periodismo en la Universidad del Estado de Nueva York. Fue periodista de la *Associated Press* durante 10 años y cubrió noticias de todo tipo, desde ciencia y tecnología hasta negocios y política. También trabajó como editora de una revista de la industria alimenticia, como editora de un sitio web de una universidad y como autora de muchas publicaciones educativas. Está casada, tiene dos hijos y vive en el sur de California. Si pudiera resolver cualquier misterio, le encantaría saber más sobre Atlantis.

Stephanie Kuligowski se graduó como licenciada en Periodismo en la Universidad de Missouri y realizó un máster en docencia en *National Louis University*. Trabajó como corresponsal y columnista de un periódico antes de convertirse en docente. Stephanie enseñó en quinto grado durante siete años. Vive en Crystal Lake, Illinois, con su marido y sus dos hijos. Durante los fines de semana, busca tesoros enterrados.